# LE CAS

DE

# M. DE BAUDRY-D'ASSON

PARIS

E. DENTU, LIBRAIRE-ÉDITEUR

GALERIE D'ORLÉANS, 15-17-19, PALAIS-ROYAL

—

1880

# LE CAS

DE

# M. DE BAUDRY-D'ASSON

PARIS

E. DENTU, LIBRAIRE-ÉDITEUR

GALERIE D'ORLÉANS, 15-17-19, PALAIS-ROYAL

1880

# LE CAS

## DE

# M. DE BAUDRY-D'ASSON

De la majorité de la Chambre, qui prétend exclure M. de Baudry-d'Asson, député de la Vendée, et lui enlever (pour un temps qu'elle a fixé elle-même) le mandat dont il est investi,

Et de M. de Baudry-d'Asson, qui refuse de sortir,

Lequel des deux a tort ou raison ?

M. de Baudry-d'Asson se trouve sollicité par deux forces agissant en sens contraires : l'une qui le pousse au dehors et l'autre qui le retient au dedans.

Suivant les lois de la statique, qui, en leur qualité de lois divines régissant la gravitation universelle, dominent encore, pour quelque temps, les constitutions humaines et mêmes républicaines, M. de Baudry-d'Asson doit obéir à celle de ces deux forces qui excède l'autre, c'est-à-dire suivre leur résultante.

D'un côté, il y a un règlement intérieur de la Chambre écrit, sous la dictée et la férule de M. Gambetta, par la majorité des députés.

De l'autre, il y a un mandat donné par le suffrage universel, pour le moment et de par la constitution, souverain absolu du pays.

L'un lui dit de sortir et l'autre de rester.

Que faire?

Il serait probablement subversif de prétendre que l'autorité du mandant prime celle du mandataire et que la volonté des représentants de la nation ne saurait prévaloir contre une décision de la nation elle-même;

Que le fait, par M. de Baudry-d'Asson, d'obtempérer aux ordres de ses collègues en ce qu'ils ont, suivant lui, de contradictoire avec la volonté de ses électeurs, serait de sa part une complicité dans l'acte de rébellion tenté contre le suffrage universel et une désertion de son mandat;

Que, sous un régime qui permet, que dis-je? qui fait un devoir au simple soldat de discuter et de juger les ordres de ses chefs avant de les exécuter, un mandataire du suffrage universel devrait avoir le droit de discuter les ordres qu'il reçoit, — non pas de ses chefs, — mais d'une partie de ses collègues et de n'y déférer qu'autant qu'il ne les jugerait pas, dans sa conscience, incompatibles avec le mandat dont il est investi directement et sans restriction par l'autorité souveraine.

*<br>* *

Déjà nous avions pu assister à ce spectacle assez étrange appelé vérification des pouvoirs, opération par laquelle une assemblée sans membres confirme ou infirme les pouvoirs de ses membres.

Je dis une assemblée sans membres, car nul ne pouvant être membre de cette assemblée qu'autant qu'il est validé, il paraît utile qu'il commence par l'être pour pouvoir en faire partie et valider ou invalider les autres.

Il n'en est rien. On se valide réciproquement. On peut même se trouver validé aujourd'hui par un non validé qui sera invalidé demain.

Pierrot et Arlequin — sans comparaison — voudraient tous deux être présentés à une tierce personne : c'est bien simple, ils se présentent mutuellement.

Cependant, on serait curieux de savoir comment les choses se passeraient si — par aventure — tous les députés éventuels étant sans esprit de parti, aucune élection n'était trouvée régulière et qu'il fallût invalider tout le monde.

Tout irait bien au commencement, mais à la fin? Quand il ne restera plus que deux membres, comment feront-ils? et quand il n'en restera plus qu'un, qui l'invalidera?

Et les lois faites dans l'intervalle des invalidations par des députés qui ne l'étaient pas, non plus que vous et moi, et qui, comme tels, n'ont pas été payés, quelle force auront-elles?

Il paraît qu’elles seront bonnes tout de même. Allons,
tant mieux. Mais, puisque l’ouvrage est bon et qu’on le
garde, pourquoi ne pas le payer?

*<br>* *

Ah! si l’on voulait passer au crible de la logique tout
le sable dont se compose l’édifice gouvernemental, que
resterait-il de ce monument, dont la base même est
un contre-sens!

Mais ce n’est pas en ce qu’elle a de logique que je
m’occupe de la vérification des pouvoirs, c’est en ce
qu’elle a d’édifiant en tant que système.

Sous ce prétexte de vérification, on eût pu voir,
— je ne dis pas qu’on l’ait vu! je parle comme le philo-
sophe Marphurius, — une partie des élus problémati-
ques du suffrage universel se confirmer régulièrement
dans leur propre mandat et en déposséder non moins
régulièrement tous ceux qui n’étaient pas de leur
opinion.

Le moyen était d’ailleurs aussi simple que l’idée elle-
même :

On n’avait qu’à lever la main.

Pas de raisons à entendre ni à donner, pas de preuves
à fournir ni à recevoir. On eût été encore bien bon de
discuter pour la forme.

Chacun n’ayant qu’un trois-cent-soixante-troisième
de responsabilité, pourquoi se gêner? — Votons! pan !
invalidé.

Et l’on pouvait toutefois s’offrir de temps en temps le
luxe d’une clémence apparente en épargnant ceux

dont la réélection ne pouvait pas être sérieusement combattue.

Car ici, du moins, et c'est ce que je voulais faire remarquer, la condamnation n'était pas sans appel. Le député invalidé pouvait exercer immédiatement un recours auprès de ses mandants.

Il est vrai que ce recours n'était pas bien dangereux.

La majorité connaissait assez pour ne pas la prendre trop au sérieux la logique du bulletin de vote, qui n'a aucune raison à lui connue de vouloir le lendemain ce qu'il voulait la veille si tant est qu'il ait jamais voulu quelque chose. Et puis, on pouvait bien aussi tabler un peu sur la suppression de la candidature officielle, suppression qu'on allait inaugurer avec tant de scrupule !

Quoi qu'il en soit, en admettant le droit de la moitié plus un des membres de la Chambre de renvoyer devant les électeurs l'autre moitié moins un, et cela indéfiniment jusqu'à ce que lesdits électeurs, profitant des libertés nouvelles, se fussent décidés à renoncer à leur député et à en nommer un autre, en quoi consisterait l'application de ce droit au cas de M. de Baudry-d'Asson ?

Elle consisterait uniquement à réunir les électeurs de celui-ci, à leur soumettre sa conduite et à leur demander si c'est bien ainsi qu'ils entendent que soit compris et exécuté le mandat par eux conféré, et, jusqu'à preuve contraire, M. de Baudry-d'Asson est réputé remplir ce mandat, et nul autre que ses électeurs n'a le droit de le lui retirer sous prétexte qu'il ne le remplit pas, ce qui n'est qu'une simple supposition.

*∗*

Mais, dira-t-on, comment voulez-vous qu'on aille rassembler un collége électoral chaque fois que surgira l'occasion d'appliquer l'article du règlement qui exclut un député de la Chambre?

Refuser à une Assemblée législative le droit de faire un règlement et de l'appliquer, n'est-ce pas rendre impraticable toute organisation représentative du suffrage universel?

C'est bien possible. Mais, comme je ne suis pas responsable des infirmités que je signale dans le système actuel, je n'ai pas à me préoccuper d'y trouver un remède, ni à présenter un système meilleur.

Il serait étrange que mon tailleur, m'apportant un habit qui ne me va pas, se crût en droit de demander ce qu'il y faut faire ! Eh ! faites-y ce que vous voudrez, ce n'est pas mon affaire. Arrangez-vous pour que votre vêtement ne me fasse pas de plis dans le dos. Et si vous ne pouvez pas le corriger, taillez-en un autre.

Si la mécanique gouvernementale et législative ne fonctionne pas bien, modifiez ses rouages ! Si vous ne pouvez pas les modifier, changez la mécanique ou allez vous asseoir !

Répondre que déposséder sans droit un député c'est un tort, mais que le laisser en possession ce serait un tort plus grand, c'est ce qui s'appelle une démonstration par l'absurde : cela doit être parce que, si cela n'était pas, telle chose serait qui ne doit pas être !

Un peintre expose une toile. Je lui dis : « Voici un personnage qui n'a pas de pieds. » « C'est vrai, répond l'artiste, mais si j'avais fait des pieds à celui-ci, cet autre serait sans tête. »

Voilà le raisonnement.

D'ailleurs, je ne refuse pas à la Chambre le droit de faire et d'appliquer tous les règlements qu'elle voudra, mais à la condition qu'ils ne soient pas en opposition avec la loi fondamentale et constitutionnelle, qui est, pour le quart d'heure, la souveraineté absolue du suffrage universel.

Au surplus, le règlement que la Chambre oppose à la volonté du suffrage universel, ne fût-il pas en désaccord avec elle, n'est encore qu'un règlement et non une loi, — à laquelle il manquerait le vote du Sénat, — et, par conséquent, il n'obligerait pas moralement un député qui non-seulement n'a pas contribué à la confection de ce règlement dirigé contre lui, mais qui l'a combattu.

Ce qui semble évident, c'est que vous ne pouvez pas, sans violer le principe de de souveraineté du suffrage universel, qui arrache un condamné de la prison pour le mettre à la Chambre, arracher de la Chambre un député pour le mettre en prison.

Il faut pour cela la permission du suffrage universel.

Nul ne peut infirmer ses décisions que lui-même.

Et tant que les mandants de M. de Baudry-d'Asson n'auront pas formellement et explicitement désavoué leur mandataire, il conserve son mandat intact.

*<sup>*</sup>*

Et si vous ne les consultez pas, ce n'est peut-être pas seulement en raison de la difficulté matérielle d'une telle consultation, c'est que vous n'êtes pas trop rassurés sur le résultat à en attendre, et que, si ce résultat n'était pas conforme à votre jurisprudence, toute votre machine gouvernementale serait arrêtée net.

Périsse la logique, le sens commun et tous les principes du monde plutôt que la machine dont nous sommes les chauffeurs et les mécaniciens ! D'autant que, si la chaudière sautait !... mécaniciens et chauffeurs auraient les quatre fers en l'air bien avant les voyageurs.

Car enfin, si les électeurs de M. de Baudry-d'Asson venaient vous dire — ce que les électeurs de Belleville ne diraient peut-être pas — que leur député exécute fidèlement son programme et remplit son mandat tel qu'il l'a reçu, que feriez-vous ?

Rien ! Vous ne pourriez rien faire, à moins de commencer par confesser que cette roue maîtresse, ce moteur primordial, cette arche sainte, cet oiseau sacré devant lequel se mettent à plat ventre tous ceux qui espèrent en tirer pied ou aile, que le suffrage universel, en un mot, n'est qu'un mythe.

Sans cet aveu, que pourrez-vous répondre aux électeurs de M. de Baudry-d'Asson ? Qu'ils ne savent pas ce qu'ils font ? Qu'ils n'ont pas le droit de nommer tel député, d'exprimer telle opinion ? Que vous les rayez de

la liste des électeurs comme vous avez rayé leur député
de la liste des élus?

— Non, n'est-ce pas?

Alors, que répondrez-vous? la question est précise.

Si un collége électoral, votant au scrutin uninominal
ou au scrutin de liste, peu importe, venait vous dire :
Oui, M. de Baudry-d'Asson nous représente comme nous
entendons être représentés, dit ce que nous voulons
qu'il dise, que feriez-vous?

*
* *

Eh bien, rien ne nous prouve que les électeurs de
M. de Baudry-d'Asson ne vous tiendraient pas ce lan-
gage. A moins de faire injure au suffrage universel,
à moins de s'en moquer, les présomptions sont, au
contraire, que les électeurs de la Vendée connais-
saient le caractère, les sentiments et l'opinion du
député qu'ils ont choisi, et il est assez piquant de le voir
arracher de son banc par celui qui, ne remplissant pas
son programme, veut l'empêcher d'être fidèle au sien
en l'accusant de le trahir.

Donc, M. de Baudry-d'Asson, en niant le droit de la
moitié plus un des membres de la Chambre d'en exclure
l'autre moitié moins un, demeure dans la logique du
suffrage universel, et c'est vous qui en sortez en voulant
l'expulser.

*
* *

Autre question :

En admettant que la majorité fût en droit d'exclure
M. de Baudry-d'Asson, s'ensuit-il que celui-ci fût tenu
de se retirer ?

Et, pour ne l'avoir pas fait, a-t-il pu encourir un sup-
plément de peine qui motivât son incarcération ?

En vertu de quelle loi ou de quel règlement le condamné est-il tenu d'exécuter de ses propres mains la
sentence qui le frappe, quand bien même il la trouve-
rait juste et se reconnaîtrait coupable ?

Quand la cour d'appel prononce un arrêt de mort,
oblige-t-on le bénéficiaire de cet arrêt à opérer lui-
même? et serait-il passible d'une aggravation de peine
dans le cas où il attendrait tranquillement que le bour-
reau voulût bien prendre la peine de passer chez lui
pour l'emmener et lui couper le cou ?

Si M. de Baudry-d'Asson, qui protestait, lui, et avec
raison, contre le jugement et contre la compétence des
juges, n'a pas cru devoir s'associer à leur œuvre en
l'exécutant; s'il a dit : Avec ou sans droit vous m'avez
interdit d'occuper le siége où le suffrage universel m'a
fait monter, eh bien! faites-m'en descendre, je ne m'en
mêle pas! Quel crime y a-t-il à cela qui puisse faire
jeter un député au cachot ?

Et quand il y aurait là un crime pareil, où est donc
la loi qui fait d'une Chambre de députés une cour
d'assises, avec un jury pour condamner, un procureur
pour ordonner, des agents pour exécuter ?

Est-ce que tout acte est légal de la part de la
Chambre par cela seul qu'elle fait la loi ?

La Convention prenait la peine de faire passer les

gens par le tribunal révolutionnaire. Il paraît que nous avons fait des progrès depuis ce temps-là.

****

M. de Baudry-d'Asson n'est pas le seul qui ait été l'objet des aménités de M. Gambetta dans la mémorable séance du 11 novembre 1880.

Ses collègues et même le public des tribunes en ont eu leur petite part.

Après avoir déclaré que la séance est suspendue, le président croit devoir apostropher les tribunes, qui ne sonnent mot, et, tout en constatant qu'elles sont parfaitement calmes, il les prévient que, si elles ne l'étaient pas, il appliquerait à leur contenu « le même traitement qu'à M. de Baudry-d'Asson ».

Ah ça, de quels écoliers se compose donc le public sous la République pour être morigéné à la façon d'un simple député ?

M. Gambetta perd-il de vue que ce public qui est là dans le pourtour de l'enceinte, c'est le peuple, c'est la nation elle-même, dont les députés, qui sont au centre et lui tout le premier, ne sont que les représentants ?

Oublie-t-il qu'en lui donnant mandat de le représenter le peuple a imposé la condition que les séances seraient publiques et qu'il se réservait le droit de contrôle ?

Ne comprend-il pas que, si ce droit de contrôle a lieu de s'exercer, c'est surtout en ce moment, quand il s'agit de porter la main sur un élu du suffrage universel ?

Et c'est à ce moment-là, c'est quand le peuple, son maître, est là, suivant son droit et son devoir, lui donnant par son calme et sa sagesse l'exemple du respect qu'on doit à l'enceinte législative, que **M.** Gambetta le menace de le chasser s'il n'est pas sage !

Il résultait toutefois de ce petit avis que le public était autorisé à conserver ses places et à assister à l'inter-mède.

Mais **M.** Gambetta ne devait pas s'en tenir à la menace.

Il devait l'exécuter, et, ce qui est plus curieux, sans que les tribunes aient cessé un instant d'être parfaitement sages.

Une minute après le gracieux espoir qu'il donnait au public de n'être pas mis à la porte, des huissiers pénétraient dans les loges et, sans autre explication, priaient leurs occupants de vider la place.

Un personnage à galons et à épée procédait avec une douceur si particulière qu'un groupe de dames a failli être précipité au bas de l'escalier.

— Oh ! oh ! sous la République !

— « Zuze un peu ! » si nous n'y étions pas !

Le fait est que, sous une autre forme de gouvernement, on ne se fût peut-être pas permis de traiter le pauvre monde avec cette désinvolture.

Lors de l'expulsion de Manuel, sous Louis XVIII, aucune menace préventive ne fut adressée aux tribunes et on ne se permit pas de les faire évacuer. Et pourtant on y faisait du bruit, à telles enseignes qu'on y applaudissait Manuel.

Mais au régime de la tyrannie a succédé le régime de la liberté et du respect des simples citoyens ; il ne faut donc pas s'étonner qu'on ne soit plus traité aujourd'hui comme alors.

*<sub>*</sub>*

En même temps que s'exécutait l'ordre de chasser les représentés arrivait celui de faire prendre l'air aux représentants.

Eux aussi ?

Cependant le président avait déclaré la séance suspendue et non levée, et les députés avaient le droit de rester sur leurs siéges.

Ce malentendu provient sans doute de ce qu'on ne s'entend plus très-bien sur la signifiation du mot « droit ».

Qu'est-ce que le droit ?

C'est la force.

Mais sans nous arrêter ni sur le fond, ni sur la forme de ces ordres d'expulsion universelle, à quel propos ces ordres ?

Dans quel but ?

Quel est donc ce mystère ?

Quelle étrange et ténébreuse besogne va-t-on accomplir dans l'ombre ? Sommes-nous à la Tour de Nesle ?

Quelle opération formidable va-t-on faire subir au condamné ?

S'il ne s'agissait que de lui couper la tête, il n'y aurait là qu'un spectacle ordinaire auquel le public a coutume d'assister.

D'après la loi, les exécutions capitales se font a grand jour !...

Ingénieuse mise en scène ! Comme c'est adroit !

Des corridors où le public est entassé on entend à travers les portes des cris..., des silences..., de nouveaux cris..., des coups sourds !.. Est-ce que le siége se fait avec le canon ?... Ah ! mon Dieu !... les hommes sont pâles..., les femmes se trouvent mal... Prions !

Oui, prions ! il en est temps !

A. B.

Paris, 14 novembre 1880.

Paris. — Imp. Balitout, Questroy et Cᵉ, 7, rue Baillif.

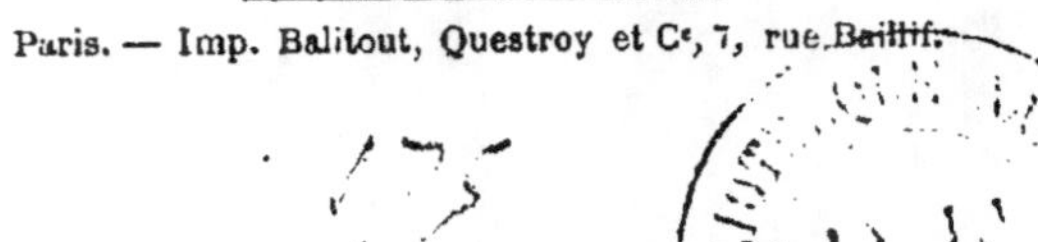

PARIS
IMPRIMERIE BALITOUT, QUESTROY ET C<sup>e</sup>
rue Baillif.